AF244621

L'ÉTABLISSEMENT THERMAL

SAINT-LÉGER

A POUGUES

« Mon compère, j'ay achevé de prendre
les Eaux à Pougues, de quoy je m'en
trouve merveilleusement bien. »
(Lettre de Henri IV. — 25 juillet 1601.)

1584-1892

LA STATION

L'ÉTABLISSEMENT THERMAL

LE CASINO — LE PARC

VUE GÉNÉRALE DE L'ÉTABLISSEMENT THERMAL SAINT-LÉGER, A POUGUES.

HISTORIQUE.

La petite ville de *Pougues* revendique une antique origine. Les titres latins du moyen-âge la désignent sous les noms de *Poduaquæ, Poclaquæ, Poguæ, Pogæ,* source, fontaine, eaux de la montagne ; mot grec, *latinisé,* disent quelques érudits ; moitié celtique, moitié latin, disent les autres. Tous d'ailleurs s'accordent sur ce point que les Romains, dont le sol de cette province révèle à chaque instant le séjour prolongé, et qui affectionnaient singulièrement *Noviodunum,* Nevers, ont connu ces salutaires Eaux et sont venus leur demander la réparation de leurs forces après les fatigues des combats, ou, peut-être, celle de leurs estomacs après leurs succulents festins. Les bonnes gens du pays nous diront qu'Hercule s'y est guéri d'une gastrite et Jules César de la gravelle !

Si, maintenant, nous nous reportons à la mythologie, voici ce que la légende nous apprend (1) :

> . . . .
> Il se rencontre un cham d'un antique pourpris,
> Qui prez des flots de Loire a ses limites pris,
> Et fut Pougues nommé de la Nymphe Pégée,
> Nymphe du fait de Loire deux fois accouchée,

(1) *Les fontennes de Pougues,* de M. Raimond de Massac, docteur en médecine, mises en vers français par Charles de Massac son fils ; dédié à Madame de Nevers. A Paris, chez Toussaincts du Bray, au Palais, en la gallerie des prisonniers, 1605.

Sa fille Saint-Marcel fut son enfant premier,
La belle Saint-Léger font second et dernier,
Saint-Marcel en beautez assez fort estimée
Du nom de son ayeul était ainsi nommée,
Car sa mère Pégée eut Mars pour géniteur,
Et pour mère Nevers riche en biens......

De tout temps les habitants du Nivernais, suivis de leurs voisins de la Bourgogne, y sont venus chercher le remède à un grand nombre de maladies. Sous l'inspiration d'une foi naïve, ils entreprenaient des neuvaines de boisson, mêlées de neuf jours de prières devant les reliques de **Saint Léger**, et, regagnant ensuite leurs résidences éloignées, les malades pèlerins portaient au loin le bruit des guérisons multipliées et des vertus de la source bienfaisante.

Ce sont ces guérisons et ces vertus que de **Massac** (1) célèbre dans son poème latin, et, avec lui, **Jean Banc** écrira que *les sources de Pougues sont les premières potables médicamenteuses* (2).

Pidoux (3) conduisit à **POUGUES**, en 1582, messire **Arnauld Sorbin**, évêque de Nevers et prédicateur du Roi. Ce prélat était « *atteint d'une colique pierreuse, accompagnée ordinairement de fiebvre, suppression d'urine, catarre et autres pernicieux accidents* ». On vit bientôt « cinq à six cents personnes, chaque année, se rendre à **POUGUES** des provinces voisines et même des provinces éloignées. **Henri II, Henri III, Catherine de Médicis**, la princesse de **Longueville, Marie de Gonzague**, y vinrent en différents temps. **Henri IV** fit transporter les Eaux de la source **SAINT-LÉGER** à Saint-Maur-des-Fossés, et **Louis XIV**, à

(1) Ræmundi Massaci clariaci agenensis, et collegii aurelianensis facultatis medicæ decani, *Pugeæ, seu de Lymphis Pugeacis libri duo*, 1597.

(2) Jean Banc, *La mémoire renouvellée des merveilles des Eaux naturelles en faveur de nos nymphes françaises et des malades qui ont recours à leurs emplois salutaires.* — Paris, 1605.

(3) Jean Pidoux, *des fontaines de Pougues en Nyvernois, de leurs vertu, faculté et manière d'en user*, Paris, 1584. — V. aussi du même auteur, *La vertu et usage des fontaines de Pougues en Nyvernais et administration de la douche, frictions*, 1597 et *Discours sur l'origine des fontaines de Pougues, ensemble quelques observations de la guérison de plusieurs grandes et difficiles maladies, faicte par l'usage de l'eau médicinale des fontaines de Pougues en Nyvernois*, par M. Anthoine des Fouilloux. Nevers, 1595.

LE SPLENDID-HOTEL.

Saint-Germain-en-Laye. Elles produisirent sur ces grands rois les effets qu'on avait espéré (1). »

« Il y a peu de personnes en France, écrivait **Etienne Flamant** (2), en 1633, qui n'ayent ouï parler des merveilleux effets des Eaux de la source **SAINT-LÉGER**. Le bruit en est si grand, que, par années communes, on y pourrait compter cinq à six cents personnes qui, pour en boire, viennent de loingtains païs, avec intention d'y trouver guérison de leurs infirmités. De tous ceux qui s'y acheminent, on n'en voit retourner aucun qui n'en remporte, sinon une parfaicte santé, à tout le moins un grand allègement. Combien en voit-on amener dans des brancards tous perclus et paralytiques, lesquels, après avoir bu douze à quinze jours desdites Eaux, s'en retournent bien guéris et remis en leur première santé. Le Poictou et la Bretagne en rendront toujours des témoignages très véritables, pour les rares et singulières guérisons que plusieurs habitants de ces provinces en remportent par chascun an ».

Parmi les malades royaux qui vinrent à **POUGUES**, nous voyons : **Henri II**, *ce prince de belle prestance et de très bon accueil* — qui appelait *envoûtement* ce que **J. Pidoux** appelait coliques néphrétiques — en repartir guéri et surguéri :

Sa femme, **Catherine de Médicis**, qui, par reconnaissance, fonda et édifia à **POUGUES** un couvent de capucins où les malades étrangers devaient être gratis « *logés, nourris et soignés parfaitement.* »

Une croix en indique encore aujourd'hui l'emplacement.

Sur la margelle du réservoir rond de l'ancien établissement aujourd'hui disparu, **Catherine de Médicis** fit placer cette inscription éloquente :

> Hic fons cujus opem reges et fama salutem
> Laudavere ; bibas, promet utramque tibi.

(1) Raulin, *Observations sur l'usage des Eaux minérales de Pougues*, 1769.

(2) *Discours de l'origine et propriétés de la fontaine minérale de Pougues*. Etienne Flamant était médecin de l'artillerie et fut nommé intendant des Eaux de Pougues pendant le siège de La Rochelle en 1627.

Henri III, qui vint y combattre victorieusement ses coliques néphrétiques ;

Henri IV, qui, tourmenté par ses accès de goutte, écrivait de *POUGUES* au Connétable : « Mon compère, j'ai achevé de prendre les Eaux de *POUGUES*, de quoi je me trouve merveilleusement bien. » Si bien, en effet, qu'il s'y rendit une seconde et troisième fois, pour simplement raffermir sa guérison.

C'est auprès de cette source **SAINT-LÉGER**, que le Vert-Galant écrivait, le 24 juillet 1601, à **Marie de Médicis**, ce billet charmant et bien gaulois : « J'ay prins les Eaux de *POUGUES*, de quoy je me suis très bien trouvé. J'achevay hier d'en prendre. Comme vous désirés la conservation de ma santé ; j'en fais ainssi de vous et vous recommande la vostre afin que, à vostre arrivée, nous puissions faire un bel enfant qui fasse rire nos amys et pleurer nos ennemys. »

Louis XIII qui conduisit et oublia à *POUGUES* une maladie de foie ;

Louis XIV, qui risqua Sa Majesté Soleil jusqu'à *POUGUES* en compagnie de cette belle et froide **Mlle de Fontanges**, l'*Auvergnate*, dont le roi disait : « Voici un loup qui ne me mangera point. » Le Grand Roi enfin rendit un édit qui ordonnait le transport dans sa capitale de ces *superlatives Eaux de Pougues*.

Avec les rois, à *POUGUES*, affluèrent les grands seigneurs :

Le **cardinal de Retz**, cet archevêque de Corinthe *in partibus* et frondeur, aussi redoutable de l'estoc de son épée que du bec de sa plume ;

Le fastueux **duc de la Vallière**, grand fauconnier de la couronne, ardent collectionneur de livres et de cœurs ;

Le **duc de Mayenne, Monsieur**, frère du roi **Louis XIII**, attiré par les fontaines de *POUGUES* et les charmes de **Marie de Gonzague** ; — les Eaux minérales ne furent jamais antipathiques aux sympathies ;

Le **prince de Conti** qui, plus tard, enfermé au fort Saint-Jean de Marseille, absous enfin par le tribunal révolutionnaire, termina ses jours en Espagne et laissa, de la duchesse **Mazarin**, trois enfants naturels, dont une fille. Cette fille — étonnante aventurière — mourait en 1825, exploitant un bureau de tabac à l'enseigne **Bour-**

L'AVENUE CONTI.

bon-Conti et chevalière de la Légion d'honneur, distinction qu'elle avait gagnée dans un régiment de dragons (1).

Parmi les grandes dames, **Mme de Longueville**, l'amie des princesses de Nevers — la nonchalante et langoureuse héroïne de la Fronde, née au donjon de Vincennes, avec des yeux du bleu le plus tendre ;

La sensible et frivole **marquise de Montespan**, pendant que son mari traitait ses dettes avec les 200,000 écus dont Louis XIV avait accompagné un ordre d'exil en Guyenne ;

Marie de Gonzague, qui se hâtait à ***POUGUES***, tous les ans, pour rendre aux sources leurs politesses et à Monsieur ses attentions ;

Les princesses **Mesdames Adélaïde** et **Victoire** de France, filles de Louis XV, et d'autres, et d'autres encore.

Parmi les hommes de lettres..., nous citerons le poète et menuisier **Adam Billaut**, le *Virgile au rabot*, et le misanthrope **J.-J. Rousseau**.

Après la Révolution, les buveurs reprirent le chemin délaissé des Fontaines de ***POUGUES***. On avait besoin de se refaire une santé aux bonnes Eaux minérales et une quiétude en belle nature.

Avec le xixe siècle, la source **SAINT-LÉGER** a revu les gentilshommes, les femmes gracieuses, les hommes de guerre et les hommes de lettres, les artistes célèbres et les paisibles bourgeois, les Européens d'outre-monts et les étrangers d'outre-mers.

La *nymphe pougoise*, en si nombreuse, spirituelle et brillante compagnie, a refait à la mode une toilette moderne, gardant quelques souvenirs à son passé, mais tous ses sourires au présent.

Cette énumération incomplète des illustres personnages qui, malgré la difficulté des communications, vinrent chercher la santé à ***POUGUES***, est un témoignage important de l'efficacité de ses Eaux minérales, confirmée du reste, par *quatre siècles* de succès constants.

(1) V. *Pougues médical et pittoresque*, par le Dr Janicot et A. Giron.

LA STATION.

Pougues, ligne du Bourbonnais, à 4 h. 1/2 de Paris, est un village avenant et confortable, bâti dans le sens de la superbe route de Paris à Antibes, avec une petite église romane vieille de 800 ans. *Pougues* s'est établi dans la riche et spacieuse vallée de la Loire, aux abords du fleuve, sur la dernière pente du mont Givre, et s'abrite à l'est sous de verdoyantes collines. Autour de lui, de face ou de profil — auprès ou au loin — coquettement ou franchement, se présentent des paysages variés et pittoresques. Il en est pour tous les goûts et pour tous les yeux.

La route pour arriver à *Pougues*, en venant de Paris, est tout ce que l'on peut voir de plus riant, depuis Neuvy, jadis assiégée par César, et dont les deux vieilles tours marquent d'une manière pittoresque l'entrée dans le département de la Nièvre. Le chemin de fer ne cesse d'y côtoyer la Loire, qui baigne sur son passage Cosne, Pouilly, La Charité, et fertilise, sans interruption, une suite de vallées, se disputant, par leur coquetterie, les regards qu'à leur tour des massifs d'ombrages arrêtent tout à coup.

Sur la route de *Pougues* à Nevers, si l'on gravit une montagne dont le versant septentrional domine la vallée pougoise, le plus ravissant panorama se déroule devant les yeux émerveillés.

Au nord et à l'est, c'est une ligne longue et gracieusement arrondie de hautes collines boisées, accidentées, parsemées d'habitations châtelaines ; à l'ouest, c'est la

LE BATIMENT DES BAINS ET DOUCHES.

Loire capricieuse et fière, pareille à un immense ruban
d'or et d'argent, selon que le soleil ou une lumière plus
douce s'y reflète, baignant, d'une de ses rives, les limites
du département du Cher et les ruines féodales du châ-
teau de Sancerre ; de l'autre, caressant les premiers
gazons du Nivernais et activant à Fourchambault les gi-
gantesques travaux de notre siècle industriel ; au midi,
c'est Nevers, ses tours et ses clochers que la perspective
revêt de teintes pittoresques ; puis la Loire encore, au mo-
ment où elle s'empare de l'Allier pour l'emporter avec elle ;
au delà, parmi des débris qu'il surmonte, le vieux donjon
de Cuffy ; quand l'atmosphère s'y prête, l'esquisse d'un
bleu foncé des monts d'Auvergne dans les profondeurs
du lointain ; et, au milieu de ce cadre magnifique, des
champs bien cultivés, des coteaux plantés de vignes, une
profusion d'arbres groupés ou épars ou bien sillonnés
par des troupeaux de bœufs blancs, de vastes prairies si
vastes que l'on dirait des tapis d'émeraudes sur lesquels
on aurait semé des perles, puis enfin *Pougues*, comme
au loin sous ses ombrages.

De la gare on a vite atteint — en trois minutes — la
route le long de laquelle *Pougues* aligne ses maisons,
en commençant par celle où logeait, au xviiie siècle, le
prince de Conti, *le Bienfaisant*. Là, par un demi-tour à
gauche, on embouche l'allée des Tilleuls de Hollande,
plantée en 1767 par le prince et baptisée de son nom.
Sur la droite s'étend le parc Chevalier, sorte de parc an-
glais uniformément gazonné, sillonné d'allées ombra-
gées, divisé par de capricieuses haies d'aubépine et où se
découpent, çà et là, de charmantes villas et d'élégants
chalets.

Quelques tours de roues, et se développe — à l'écart

du village et dans une rade de verdure — l'Etablissement thermal.

L'ÉTABLISSEMENT THERMAL — LE CASINO
LE PARC.

L'Etablissement thermal répond à toutes les exigences
de la science moderne par son installation balnéothéra-
pique. Outre la Buvette **SAINT-LÉGER**, il com-
prend vingt-quatre cabinets de bains, une vaste piscine,
des cabinets de douche de toute forme, une salle d'hydrothérapie pourvue des appareils les plus perfectionnés,
une salle de gymnastique, etc., etc.

En avant de la grille, deux grandes citernes souter-
raines à double galerie concentrent et emprisonnent l'eau
de source destinée aux douches et aux mélanges des
bains.

Une grille centrale, flanquée de deux petits pavillons
— reliés eux-mêmes par deux grilles moindres en traits
d'union — s'ouvre en face de la vaste cour d'honneur, à
droite de laquelle bouillonnent les sources, au fond de
laquelle s'étend le parc.

L'aile de gauche est consacrée au traitement ; l'aile de
droite, au plaisir.

L'aile de gauche sort tout entière d'une longue acco-
lade de fleurs. Au centre, un escalier de quelques mar-
ches nous introduit dans un *salon d'attente* où l'on as-
sure ses heures et prend ses *tickets*.

A droite et à gauche s'enfoncent deux corridors.

Le corridor de gauche est consacré aux dames. C'est
là que se trouvent les *cabines de bains* (bains de baignoire
et bains de siège).

L'AVENUE DU CASINO DANS LE PARC CHEVALIER.

Le corridor de droite appartient aux hommes, dans les mêmes dispositions et les mêmes conditions.

Au fond de l'antichambre règne l'*hydrothérapie*, dont un mur mitoyen fait, encore ici, part aux femmes à gauche et part aux hommes à droite.

Après la *douche*, les *frictions* et le *massage*, qui aident ensuite à la réaction, on entre immédiatement dans le *Sacrosanctum* hydrothérapique.

Il est fort coquet. Ses murailles sont revêtues de faïence à délicat émail vert agrémenté de dessins bleus. Deux pommes d'arrosoir tamisent à volonté l'eau froide, l'eau chaude et l'eau mélangée. Tout l'arsenal des *douches en lame, en jets, en pluie, en éventail, en cercle*, etc., y passera, selon les caprices du mal et l'ordonnance du dócteur.

Et voilà toute la mise en scène de « cette répétition du purgatoire » dont parlait Mme de Sévigné, avec un luxe de description assez plaisante et leste.

Dans un des dessous de cette aile fonctionne, en sa maçonnerie de briques, la machine à vapeur aux membres de fer, aux tuyaux d'ascension et de descente, de départ et d'arrivée, agissant comme des veines et des artères de plomb.

Elle fait double et infatigable besogne : aspirer l'eau minérale des sources et l'eau des citernes, puis la réchauffer dans les cuves par ses envois de vapeur. Cette vapeur revient ensuite condensée dans la chaudière et en repart métamorphosée à nouveau.

Au-dessus de cette aile s'élance un campanile qui, au lieu de cloches, contient trois grands réservoirs. Le premier emmagasine l'Eau minérale froide et la rend dans un réservoir intérieur, d'où elle gagne paisiblement une cuve de tôle pour s'y convertir en eau chaude. Cette eau peut se chauffer de deux manières : lentement, par un serpentin où circule la vapeur ; rondement, par un barboteur dégageant la vapeur à nu et en pleine eau.

Le second étage de cette aile de l'Etablissement est occupé par des services accessoires. Au-dessus, le cadran de l'horloge réglemente la vie de la station.

Tout près de ce bâtiment, un *promenoir-chalet* permet, pendant les heures de pluie, de causer à l'abri, d'aller, de venir au milieu des enfants s'ébattant à tous les jeux que leur a dédiés l'Administration.

Derrière ce promenoir, un vaste bâtiment qui renferme une *piscine*, un *appareil complet de gymnastique* et une *salle d'escrime*.

Pour gagner l'aile droite de l'Etablissement, on traverse une grande cour sur un large trottoir bleuâtre en dalles de Volvic ; c'est là que, entre le parc et les fontaines, dans un vaste espace couvert de sable tamisé, meublé de sièges rustiques, planté d'arbres dont le feuillage touffu préserve du vent, du soleil et presque de la pluie, on se réunit du matin au soir, par groupes d'amis, de familles, d'enfants qui se divertissent et vous égaient de leurs rires, comme le font par leurs chants une multitude d'oiseaux qui viennent percher dans tous les environs.

L'aile droite — le *Casino* — rappelle la villa italienne grâce à son perron d'accès et au balcon-balustrade de sa terrasse. A droite, sur l'antichambre des artistes, donnent les jours de leurs loges, et la scène se dresse aussitôt avec le fossé de l'orchestre. Le personnel des troupes est toujours choisi, et le répertoire, parlé ou chanté, du meilleur goût.

LA PHOTOGRAPHIE. — LE LAWN-TENNIS DANS LE PARC.

En avant, un *salon de jeu*. A la suite, l'immense *salon des fêtes*, superbe dans sa blanche décoration Louis XV, et, de plus, très élégamment meublé. Ces deux salons ne sont séparés de la scène que par des cloisons mobiles, de sorte que, en un tour de main, on obtient une spacieuse salle de concert, de bal ou de spectacle pour le plus grand plaisir des oreilles, des jambes, de l'esprit et des yeux.

Enfin, au bout, un *salon de lecture* bien fourni de journaux, de revues et de livres. Ornant les murs, les portraits de quelques-uns des nombreux grands personnages qui ont fréquenté et béni les Eaux de *Pougues* : Henri III, Catherine de Médicis, Henri IV, Marie de Gonzague — l'Italienne, dans son costume sévère, Louis XIII, la duchesse de Montespan, richement déshabillée, la duchesse de Longueville, Louis XIV.

Attenant au Casino, un *café-restaurant* au rez-de-chaussée et un *cercle* indépendant au premier étage, avec balcon d'où l'on surprend les lointains et les dessous du parc.

Enfin, des deux pavillons accotant la grille d'entrée, celui de droite — avec sa boîte aux lettres et son bulletin de la Bourse — le *salon de correspondance* avec une bibliothèque attrayante ; celui de gauche — *les bureaux de l'Administration*.

Si maintenant l'on tourne le dos à la grille, l'on a : à droite, sous sa tente en bois découpé, la source **SAINT-LÉGER**, qui vient de révéler son âge vénérable par une inscription sur plaque en plomb trouvée dans ses profondeurs ; au fond, le *pavillon de la musique* quotidienne ; et, enfin, au delà, *le parc* et *le lac*, dans la splendeur de ses grands arbres, le mystère de ses massifs, le velouté de ses gazons, le chatoiement de ses eaux, le fuyant de ses allées, le charme de ses bancs à l'ombre, et l'invite de ses kiosques solitaires.

Le parc, artistement dessiné, est clos de haies vives.

Une pièce d'eau permet les plaisirs de la pêche ou de la promenade en barque. Au bout du parc, une *allée des soupirs* va rejoindre cette grande route de Paris à Antibes ponctuée de sa double rangée d'immenses peupliers admiratifs.

A droite, quelque part dans le parc, au-dessus de la glacière, une terrasse élevée déroule à vos pieds et à vos regards un panorama de prairies, de champs de blé, de vignes, de coteaux. C'est dans ces coteaux boisés que croît le Daphné lauréole, aux feuilles luisantes et persistantes, aux fleurs jaune verdâtre, plus tard petits bouquets de baies noires ; c'est là que se rencontre l'anémone pulsatile (*Herbe au vent* ou *Fleur de Pâques*) qui épanouit dans les fourrés, quand souffle le vent, sa grande fleur d'un violet pâle et légèrement penchée, — deux plantes assez rares que les belles dames nivernaises achètent avec empressement aux paysannes de *Pougues*.

Tout récemment, le parc a été agrandi de 10,000 mètres de terrain. L'Administration y a transporté un coin du Jardin d'acclimatation : faisans, singes, kakatoës, aquarium, etc. Un tir au sanglier a été installé au fond du parc.

Voilà ce que vous offre cette station, à 193 mètres au-dessus du niveau de la mer, loin des préoccupations commerciales et des inquiétudes politiques. Le climat y est doux et tempéré. C'est à peine si un petit vent du Sud-Ouest, le *Galerne* berrichon, rafraîchit d'une averse de passage et les gazons et les feuillages.

LE KIOSQUE À MUSIQUE.

Jamais une épidémie n'a visité *Pougues*, où rien de ce qui touche à l'hygiène n'a été négligé. La vie y est de plus calme, facile, amicale et gaie sans y être fatiguée par le tumulte des Stations mondaines et tapageuses.

A *Pougues*, l'on se sent et l'on s'écoute guérir — la première quiétude et la chère volupté des malades.

Dr JANICOT et A. GIRON.

(*Guide pittoresque et médical.*)

Clermont-Ferrand, typographie et lithographie G. Mont-Louis.

CLERMONT-FERRAND, TYP. ET LITH. G. MONT-LOUIS.

www.ingramcontent.com/pod-product-compliance
Lightning Source LLC
Chambersburg PA
CBHW061726060726
47597CB00006B/2583